快乐学法·轻松学法

“典”亮生活

图说民法典

最高人民检察院第六检察厅
法君传媒◎著

中国法制出版社
CHINA LEGAL PUBLISHING HOUSE

序

良法善治，民之福祉。2020年5月28日，十三届全国人民代表大会第三次会议审议通过了《中华人民共和国民法典》。这是新中国成立以来第一部以“法典”命名的法律，是新时代我国社会主义法治建设的重大成果。民法典分为总则、物权、合同、人格权、婚姻家庭、继承、侵权责任等7编，共1260条，充分体现了对人民群众生命健康、财产安全、交易便利、生活幸福、人格尊严等各方面权利的平等保护，是我国坚持以人民为中心的发展思想、实现人民对美好生活向往的重大立法举措，具有鲜明的中国特色、实践特色、时代特色。

良法既成，普法先行。关于加强民法典普法工作，习近平总书记强调：“民法典要实施好，就必须让民法典走到群众身边、走进群众心里。要广泛开展民法典普法工作，将其作为‘十四五’时期普法工作的重点来抓，引导群众认识到民法典既是保护自身权益的法典，也是全体社会成员都必须遵循的规范，养成自觉守法的意识，形成遇事找法的习惯，培养解决问题靠法的意识和能力。要把民法典纳入国民教育体系，加强对青少年民法典教育。”

做好民法典普法工作，检察机关责无旁贷。2020 年 12 月 7 日，全国检察机关贯彻实施民法典工作会议召开。张军检察长在本次会议中指出：“谁执法谁普法，立足检察办案宣传好民法典是重要检察职责！各级检察机关要进一步创新方式方法，以案释法，用案例阐释好民法典的重大意义、基本原则、基本要求，让民法典所蕴含的契约精神、自愿原则、诚信原则等深植于群众内心。特别是要按照习近平总书记‘加强青少年法治教育’的要求，结合法治副校长工作，做实青少年民法典教育，让民法意识在孩子们心中扎根。”

作为民事检察部门，最高人民检察院第六检察厅高度重视民法典贯彻实施与普法宣传工作。在编写出版《中华人民共和国民法典学习读本》、策划民法典系列宣传的基础上，本次与法君公司联合推出《“典”亮生活：图说民法典》漫画书。通过轻松、易懂的“西游记”题材和漫画的形式，趣味化、生活化阐释居住权、胎儿权益保护、公民信息安全保护、高空抛物侵权行为等民法典一系列新规定、新概念、新精神与丰富内涵。

这是检察机关向社会通俗化解读民法典的新尝试。希望《“典”亮生活：图说民法典》这本书能够让读者喜闻乐见又记忆深刻，成为读者了解民法典基本知识的“掌中宝”和“枕边书”。借此机会，感谢最高人民检察院办公厅与宁波市海曙区检察院对本书的大力支持。

冯小光

2020 年 12 月 18 日

目 录

目 录

01 观音智劝唐僧取真经

我觉得这个手镯好看……
好看！很适合我！
我觉得比较适合我的肤色……
开~会~
每次开会，都开小差。
嘿嘿~
嘿嘿~
怎么了，如来？
今有一部……

此万能民法宝书
共 7 编，1260 条！
《民法典》。
民法典
分为总则编、
物权编、
合同编、
人格权编、
婚姻家庭编、
继承编、
侵权责任编，
以及附则。
WOW~~

哇，这也太全面了吧！

那原来的
民法通则、
婚姻法、
继承法、
收养法、
担保法？
还有民法总
则、合同法、
物权法、侵权
责任法？

呵呵，诸位，散装民法的时代已经结束了！
从今往后，一本在手，民法无忧！
买它!买它!买它!
我这便在东土寻一善记之人，使他苦历千山万水、来此取得《民法典》！
嘀~嘀~嘀~
合同法
继承法
物权法
婚姻法
侵权责任法
观音姐姐

喂，小唐唐，你在干什么呢……
观音姐姐！救我……
我在准备法律职业资格考试。
书看了几本啊？题做了几套啊？有没有信心啊？……
这个嘛……
告诉你一个好消息吧：民法通则、继承法、担保法、合同法、物权法、侵权责任法……这些通通不用复习了！
真的吗？！

哎呀，我什么时候骗过你呀！
太棒啦！观音姐姐！
出家人不打诳语。还等什么，快快来我这里取万能民法宝书吧！
哦，对了，书有点沉，我给你找了几个帮手……

02 江流儿意外继承大笔遗产

目标天竺！
出发喽！

这么急着走，盘缠备够了吗？
朕特地为你准备了一件宝贝，以供途中之需，你看……
陛下……

专门为你量身定制，大唐开国以来绝无仅有的长途跋涉、外出旅行必备的——
紫金钵盂！！！
噢！陛下！
玄奘法师！
早去早回，朕会想你的！加油！
?
您的信。
玄奘法师

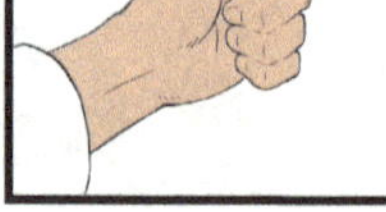

根据我国《民法典》的规定，第一顺序继承人包括配偶、子女、父母；根据法定继承中遗产分配的一般原则，一般情况下，应当按继承人的人数均等分配遗产数额。

《民法典》还规定：涉及遗产继承、接受赠与等胎儿利益保护的，胎儿视为具有民事权利能力。但是，胎儿娩出时为死体的，其民事权利能力自始不存在。

原来如此！那我能继承的遗产有多少呢？
令尊生前家资颇丰，算下来的话，差不多有999万元吧……
哇！那我岂不就是传说中的富二代！
咳咳！
贤弟，大丈夫事业为重，切不可被这些身外之物迷惑了双眼！还是赶紧上路吧！

我出发了哟！！
记住！你的未来是星辰大海！

03 小石猴信息遭曝光

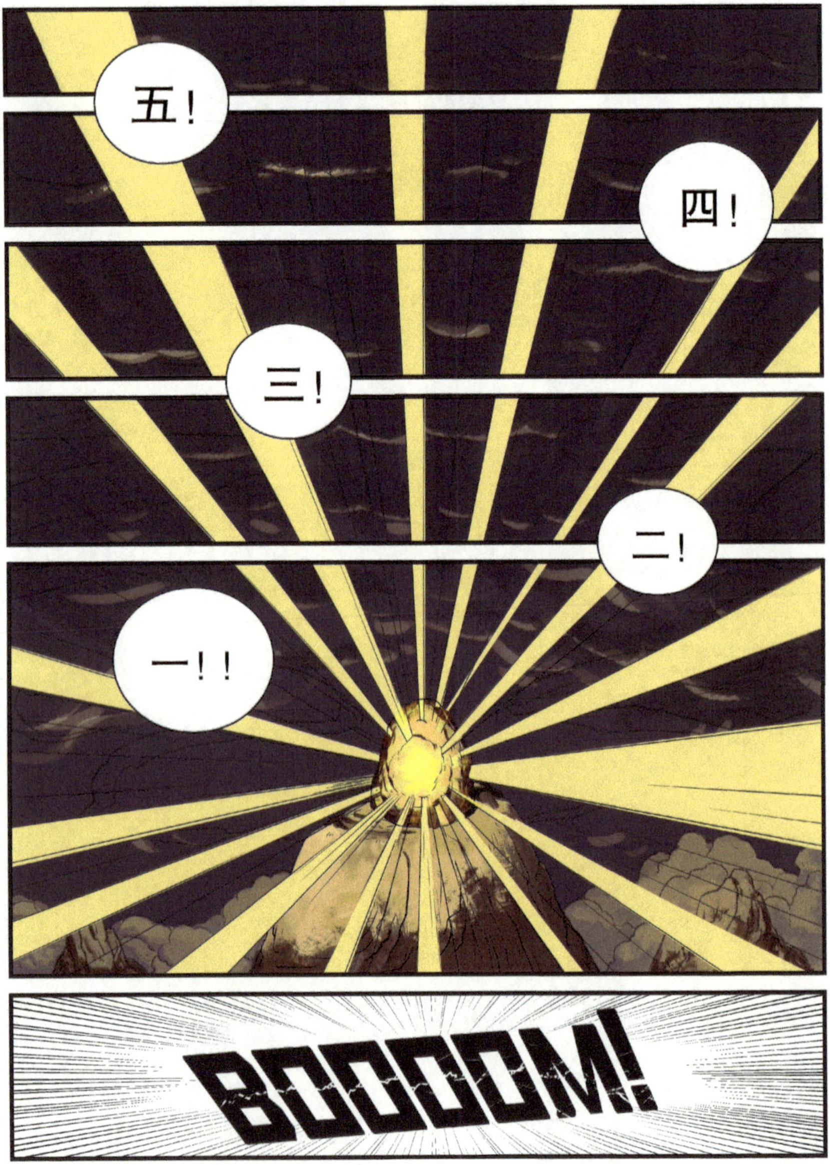
五！
四！
三！
二！
一！！
BOOOOM!

不得了！
了不得！
看到了！是
只小猴子！
南天門
禀玉帝，方才的响声
是下界一只石猴所致，
不是老君的
丹炉爆炸。

太有意思了！先发个微博@太上老君、托塔李天王、二郎神、四大天王、哪吒、东海龙王、上中下八洞神仙……
！！
！！
石头里竟然蹦出只猴子！
快看这个！
转发！转发！
还有这种事?！

自然人的个人信息
受到《民法典》的
保护!
!!
个人信息是以电子或者其他方式记录的能够单
独或者与其他信息结合识别特定自然人的各种
信息，包括自然人的姓名、出生日期、身份证
件号码、生物识别信息、住址、电话号码、
电子邮箱、健康信息、行踪信息等。
此外，《民法典》还明确了未成年人本人和其
监护人在诸多信息披露事项上的同意权，即对
未成年人个人信息的处理，必须征得本人或其
监护人的同意。

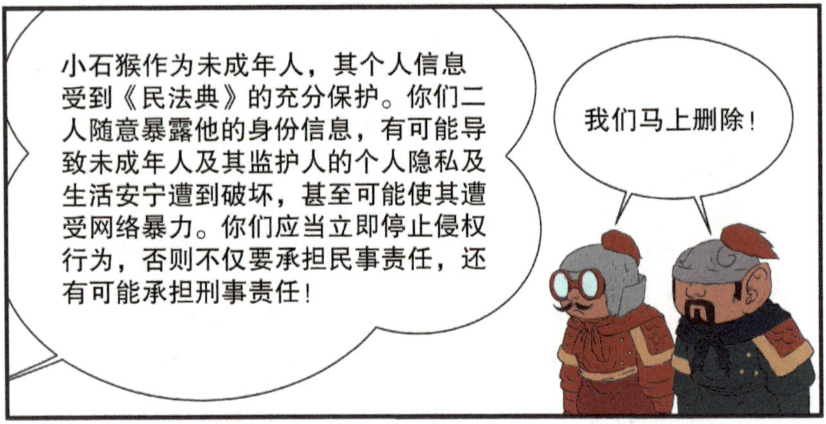
小石猴作为未成年人，其个人信息受到《民法典》的充分保护。你们二人随意暴露他的身份信息，有可能导致未成年人及其监护人的个人隐私及生活安宁遭到破坏，甚至可能使其遭受网络暴力。你们应当立即停止侵权行为，否则不仅要承担民事责任，还有可能承担刑事责任！
我们马上删除！

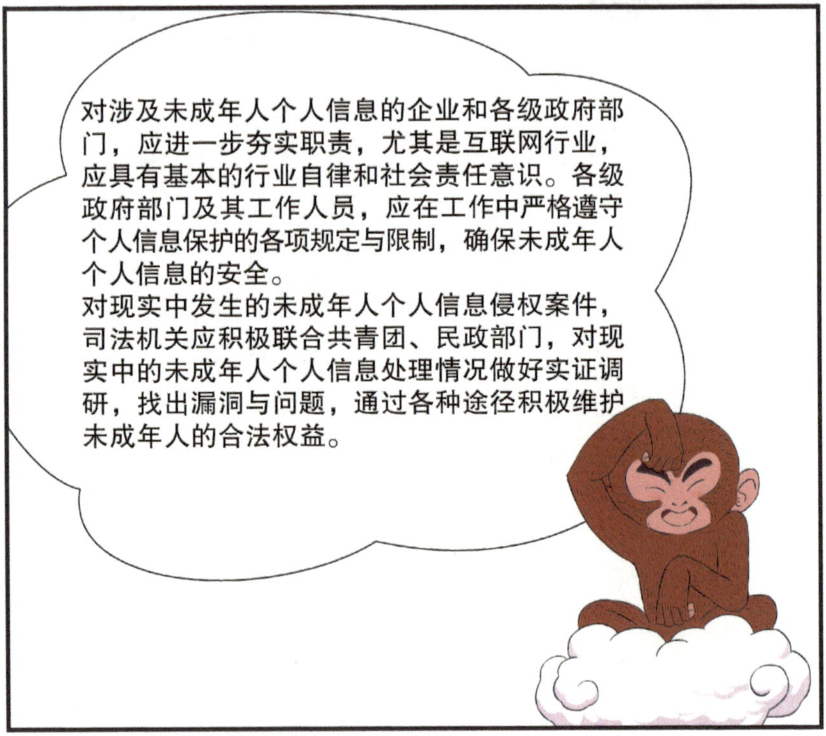
对涉及未成年人个人信息的企业和各级政府部门，应进一步夯实职责，尤其是互联网行业，应具有基本的行业自律和社会责任意识。各级政府部门及其工作人员，应在工作中严格遵守个人信息保护的各项规定与限制，确保未成年人个人信息的安全。
对现实中发生的未成年人个人信息侵权案件，司法机关应积极联合共青团、民政部门，对现实中的未成年人个人信息处理情况做好实证调研，找出漏洞与问题，通过各种途径积极维护未成年人的合法权益。

04 美猴王安居花果山

哗
哗
花果山
造化！！
造化！！
大家快来呀！
这瀑布后面
有个洞府！
好棒啊！！
大家快来呀！

搬家咯！！
咱们之前一直天当被、地当床，想不到有一天也可以住进水景洋房啊！哈哈哈哈……
多亏我们大王！
大王好棒！！
大王好棒！！

据说这个水景洋房归土地老儿所有，万一哪天他让我们搬走就糟了……
《民法典》第三百六十六条规定，居住权人有权按照合同约定，对他人的住宅享有占有、使用的用益物权，以满足生活居住的需要。
居住权合同一般包括下列条款：
（1）当事人的姓名或者名称和住所；
（2）住宅的位置；
（3）居住的条件和要求；
（4）居住权期限；
（5）解决争议的方法。
居住权设定的目的在于将房屋所有权在居住权人和所有人之间进行分配，从而满足各自不同的需求，既可以实现特定弱势群体的住房保障，也可以灵活地满足当事人的其他住房需求，有利于最大限度地发挥房屋的效用。
还有啥需要注意的事项吗？
设立居住权，当事人应当采用书面形式订立居住权合同。设立居住权的，应当向登记机构申请居住权登记。居住权自登记时设立。居住权不得转让、继承。设立居住权的住宅不得出租，但是当事人另有约定的除外。

明白了，嘿嘿！
尬.尬..尬...
喂！土地！土地！快把居住权合同签了，然后咱们按照《民法典》的规定去登个记！
合同
期限五十年
五十年……
不如这样……

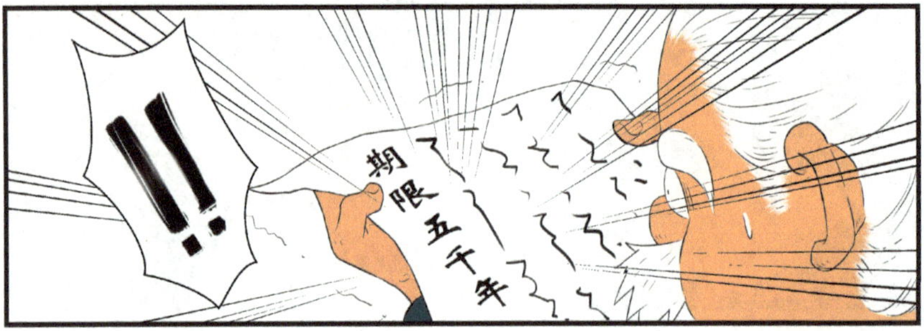
!!
期限五千年

05 东海龙王追讨金箍棒

如意金箍棒
如意金箍棒……
重一万三千五百斤……
哇——好——棒!!
上仙，这神铁是大禹治水时定江海深浅用的……上仙要是能拿得动，那就送给您了！
真能拿动我叫你爷爷……

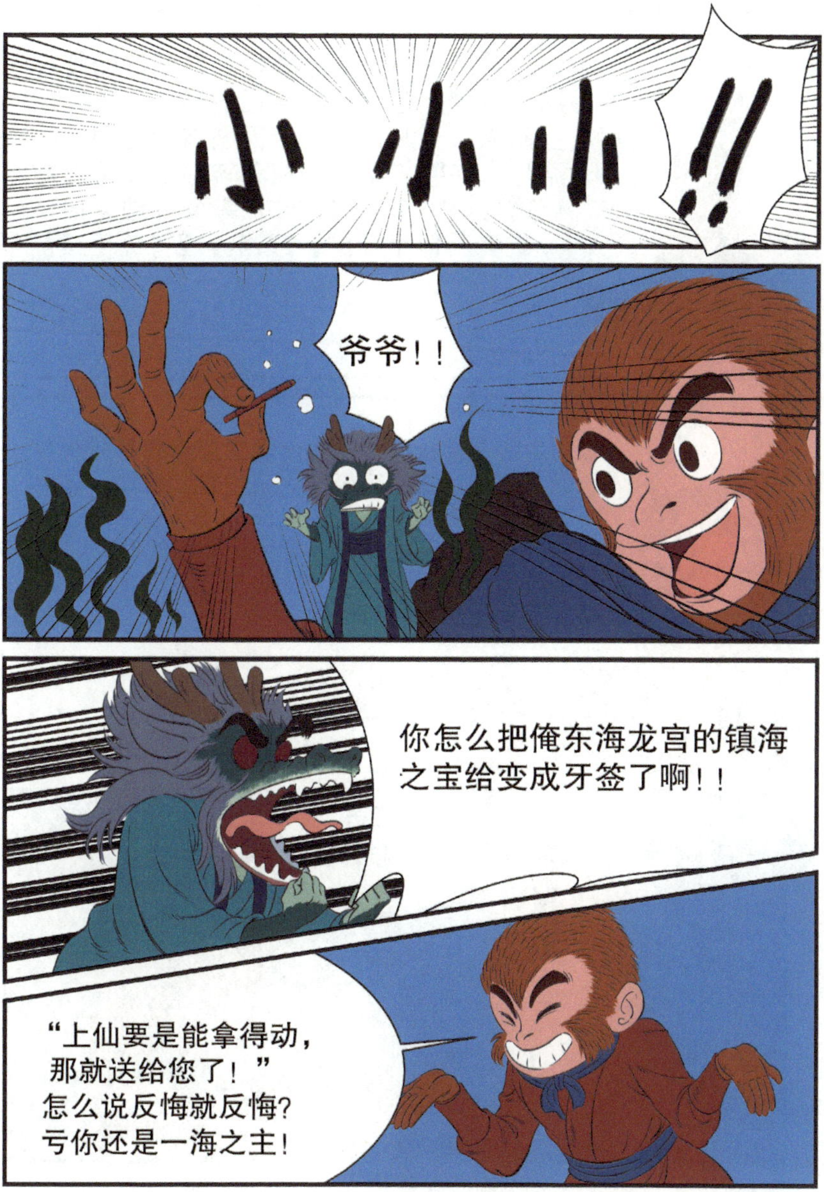
小小小!!
爷爷!!
你怎么把俺东海龙宫的镇海
之宝给变成牙签了啊!!
“上仙要是能拿得动,
那就送给您了!”
怎么说反悔就反悔?
亏你还是一海之主!

我国《民法典》对赠与行为有明确的规定：赠与合同是赠与人将自己的财产无偿给予受赠人，受赠人表示接受赠与的合同。赠与人在赠与财产的权利转移之前可以撤销赠与。赠与的财产依法需要办理登记或者其他手续的，应当办理有关手续。
本案中的金箍棒，属于东海龙王自愿赠与孙悟空的财产，且孙悟空已经接受了赠与。赠与人有完全民事行为能力，并且金箍棒不属于法律规定的须办理登记或其他手续才能依法取得的财产，因此该赠与行为真实有效。在赠与行为完成后，东海龙王无权撤销赠与行为。
我的镇海之宝啊！
老邻居，多谢了！

嘤嘤嘤——
好邻居，礼尚往来！花果山一日游我给你安排上了！

花果山一日游
X月X日前使用
过期失效
赠票
签名：孙小悟空

06 高空抛物、坠物危害大

来来来！
与俺老孙大战三百回合！
加油啊！
二郎真君！
全靠你了啊！
？

哇!!
这是我新入手的金刚圈。
出门逛街，真是百搭……
嗷~
可以让我仔细看一看吗?
好啊，嘻嘻——

啊！！！
我的金刚圈！！！
??
咻——
Duang!!

嗡——
KO

民法典
《民法典》对高空抛物、坠物的处理方法有了明确的规定：

高空抛物、坠物造成他人损害的，要依法承担侵权责任。

《民法典》第一千二百五十四条规定：“禁止从建筑物中抛掷物品。从建筑物中抛掷物品或者从建筑物上坠落的物品造成他人损害的，由侵权人依法承担侵权责任；经调查难以确定具体侵权人的，除能够证明自己不是侵权人的外，由可能加害的建筑物使用人给予补偿。可能加害的建筑物使用人补偿后，有权向侵权人追偿。

“物业服务企业等建筑物管理人应当采取必要的安全保障措施防止前款规定情形的发生；未采取必要的安全保障措施的，应当依法承担未履行安全保障义务的侵权责任。

“发生本条第一款规定的情形的，公安等机关应当依法及时调查，查清责任人。”

07 老君炼丹污染环境

嘶～嘶～
兜率宫
丹房
閑人禁
嘶～嘶～
师父，孙悟空那妖猴已经在炉内七七四十九天了，想必已经化成金丹。
银
金
好热啊，师父
……开炉！

呜~~!!
不好了！师父！
要爆炸了！
Booooooooom!!

拜拜了您呐！
泼猴！
赔我的炉子！
怎么回事？！
天宫林業
不好！烟朝这边
飘过来了！

我的桃子呀！
我九千年一开花的桃树啊！！！
咚
咚
呜呜呜！老君呀，您这八卦炉造成的污染，让这三千六百株桃树今年全部绝收了啊！
你赔我桃树！！
你去找那泼猴要去!我的炉子还没人赔呢！
天宫林业

《民法典》第一千二百二十九条：因污染环境、破坏生态造成他人损害的，侵权人应当承担侵权责任。
第一千二百三十三条：因第三人的过错污染环境、破坏生态的，被侵权人可以向侵权人请求赔偿，也可以向第三人请求赔偿。侵权人赔偿后，有权向第三人追偿。
本案中，因第三人孙悟空的过错，造成了天庭污染、生态破坏，蟠桃园的权利方可以向太上老君请求赔偿，也可以向第三人孙悟空请求赔偿。太上老君赔偿后，有权向孙悟空追偿。

学好民法典，
维权更方便！
开心
园
林

08 天蓬元帅因性骚扰被解聘

元帅，要不给您叫辆车吧……
老子没醉！认识路！！
我还能再喝！上酒！！！
咦？
广寒宫

哒
哒
哒
仙子姐姐，
月饼推广策划案
出去玩吧！
嘿嘿嘿——
等姐姐写完这个PPT再陪你玩哦！

仙子姐姐……
!!
嫦娥仙子，先别做那些劳什子PPT了，给本帅唱首歌吧！
元帅，你是天宫的领导，请自重！
!!
元帅，你再这样，我可要报告玉帝了！
来吧，就是唱首歌，有什么大不了的！
!!
!!
哈哈哈！只怕你喊破喉咙也没人能听见！再说了，我是天庭高管，谁敢管我！

破——喉——咙！
!!!
拿开你的咸猪手！
!!
!!

放开仙子！
我乃纠察灵官——
破—喉—咙！
破—喉—咙！
随我去见玉帝！
!!
好大的胆子！你知道我是谁吗！？
你有权保持沉默……
走就走吧，老子才不怕！

XX年XX月XX日，酉时三刻
广寒宫南门监控
陛下，这些就是当天的监控画面。
好的，朕都知道了！辛苦了，千里眼！
现在你还有什么好说的！！！
可我还没占着什么便宜呢……
我天庭有完善的《天神职场礼仪规定》，明确规范了诸神的行为。我们预防性骚扰的措施和规章制度那可是相当完善！
性骚扰行为不容姑息！天蓬与天庭的劳动合同正式解除！

《民法典》第一千零一十条对“性骚扰”的民事责任与单位预防义务进行了明确规定：“违背他人意愿，以言语、文字、图像、肢体行为等方式对他人实施性骚扰的，受害人有权依法请求行为人承担民事责任。机关、企业、学校等单位应当采取合理的预防、受理投诉、调查处置等措施，防止和制止利用职权、从属关系等实施性骚扰。”
陛下，我知道错了……
给我去人间好好反省吧！
尬..尬..尬...
我再也不敢了！！

……

妈妈……
妈妈……
妈妈……

09 悟空见义勇为该罚吗?

我叫高才，从高老庄来……
我家主人有三个女儿。
几年前，主人为三小姐招来一个上门女婿……
谁知这个上门女婿竟是个妖怪，三小姐宁死不从，这个妖怪就将她关在家中……

岂有此理！何方妖魔如此大胆！光天化日之下，强抢民女……
嘻嘻，交给俺老孙吧！
俺老孙去也！
！
此时此刻，高老庄
娘子莫怕，莫跑啊……
救命啊！

住手！放开那个女孩！！
!!
你个多管闲事的弼马温！干吗坏我姻缘！我要和你一较高下！！！
大胆妖怪！竟敢揭俺老孙的短！叫你见识下俺老孙的厉害！

Bang!!
大圣饶命！
老猪知道错了……
嘻嘻……
这位大师，你是来降妖的还是来给我拆家的啊！呜呜呜……

老头莫哭……
俺老孙为了保护你的利益受了伤，还没有人付医药费呢……
嘻嘻，呆子，这回你摊上大事了……
《民法典》第一百八十三条规定，因保护他人民事权益使自己受到损害的，由侵权人承担民事责任，受益人可以给予适当补偿。没有侵权人、侵权人逃逸或者无力承担民事责任，受害人请求补偿的，受益人应当给予适当补偿。
民法典
老猪我没钱赔偿你啊……
高太公，作为受益人，您老看着办吧……

10 八戒隐瞒重疾结婚险酿大祸

夫妻对拜！
送入洞房！
娘子……

妖怪呀！
!!

娘子，是我啊……
别……别……别吃我……

《民法典》第一千零五十三条：一方患有重大疾病的，应当在结婚登记前如实告知另一方；不如实告知的，另一方可以向人民法院请求撤销婚姻。请求撤销婚姻的，应当自知道或者应当知道撤销事由之日起一年内提出。

《民法典》第一千零五十四条：无效的或者被撤销的婚姻自始没有法律约束力，当事人不具有夫妻的权利和义务。同居期间所得的财产，由当事人协议处理；协议不成的，由人民法院根据照顾无过错方的原则判决。

不仅如此，《民法典》还规定，婚姻无效或者被撤销的，无过错方有权请求损害赔偿。
谁的青春不迷茫，我的青春喂了猪……嘤……嘤……嘤……
翠兰，别急，听说西域有国，易容术甚是发达，过两天待我随取经人一同前往求医，说不定效果奇佳、整得俊美，甚至可以直接以男团身份出道哩！
男人的嘴，骗人的鬼！

11 八戒流转土地取真经

呜呜呜……
娘子……
老丈人、翠兰，我去取经了！
如果取经不成，师父被妖怪吃了，我就回来继续种地！
!!
嘭!!

呆子，莫胡说！
猴哥，你是不知道啊！
这高老庄农业观光园我苦心经营多年，前两天还刚流转了3000亩良田，准备做大了上市呢！
那你这一走，高老庄这么多土地谁来打理？
就是啊！
民法典
不必担心，土地经营权可以流转出去，给有时间的人打理！

《民法典》物权编全面吸收了党的十八届三中全会以来三权分置改革的成熟经验，结合农村土地承包法的修改，对物权法的相关规定作了修改。《民法典》规定，农民集体所有和国家所有由农民集体使用的耕地、林地、草地以及其他用于农业的土地，依法实行土地承包经营制度。

土地承包经营权人依法对其承包经营的耕地、林地、草地等享有占有、使用和收益的权利，有权从事种植业、林业、畜牧业等农业生产。

土地承包经营权人可以自主决定依法采取出租、入股或者其他方式向他人流转土地经营权。

等我取得真经回来
再继续种田！
???
流转合同

果然是个呆子，都得道了，
还想着回来种田呢！

12 沙僧起名

悟净愿追随
师父去西天
取经！
阿弥陀佛！
嘿嘿，总算来了一个师弟，
这担子以后就靠你挑了啊！
……
你大师兄叫悟空，
二师兄叫悟能，
你叫悟净。甚好！
我再给你起一个
日常叫的名字吧。
你自己有什么
想法吗？
师父，我
想想……

师父，我想姓达拉崩吧，
叫斑得贝迪卜多比鲁翁！
……
徒儿，名字一事
不可随意……
师父，新收的
师弟有点瓜……
可前几日不还有人改了名字
叫“王者荣耀”吗？那我这
个为何就不行？
还是让我来解
释一下吧！
这……

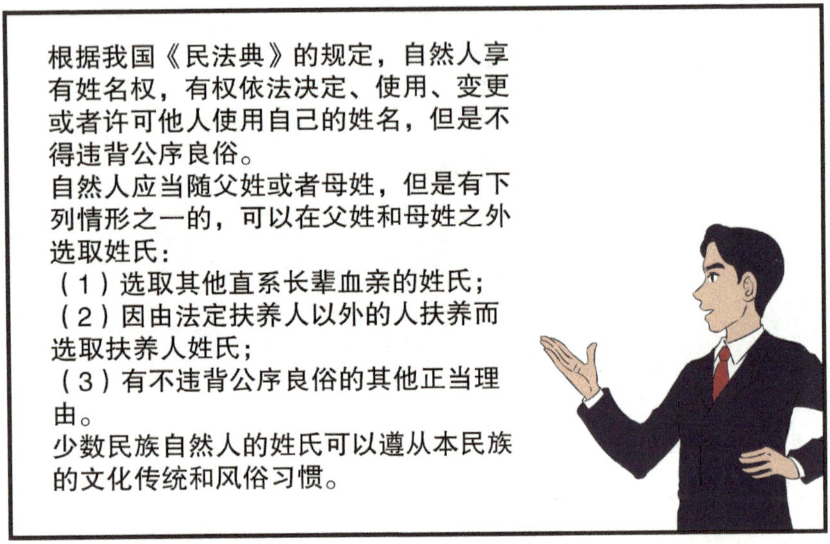
根据我国《民法典》的规定，自然人享有姓名权，有权依法决定、使用、变更或者许可他人使用自己的姓名，但是不得违背公序良俗。
自然人应当随父姓或者母姓，但是有下列情形之一的，可以在父姓和母姓之外选取姓氏：
（1）选取其他直系长辈血亲的姓氏；
（2）因由法定扶养人以外的人扶养而选取扶养人姓氏；
（3）有不违背公序良俗的其他正当理由。
少数民族自然人的姓氏可以遵从本民族的文化传统和风俗习惯。

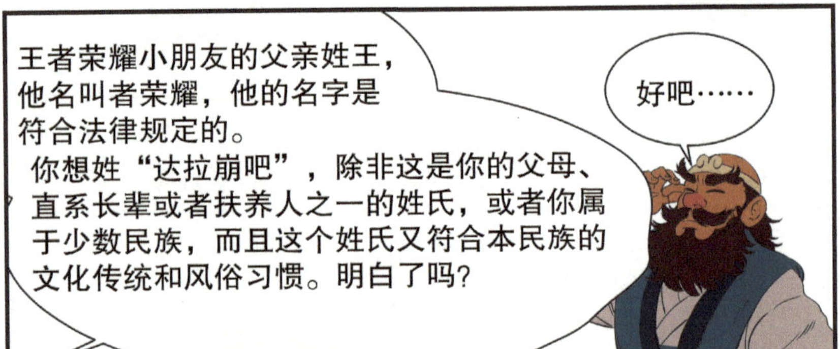
王者荣耀小朋友的父亲姓王，他名叫者荣耀，他的名字是符合法律规定的。
你想姓“达拉崩吧”，除非这是你的父母、直系长辈或者扶养人之一的姓氏，或者你属于少数民族，而且这个姓氏又符合本民族的文化传统和风俗习惯。明白了吗？
好吧……

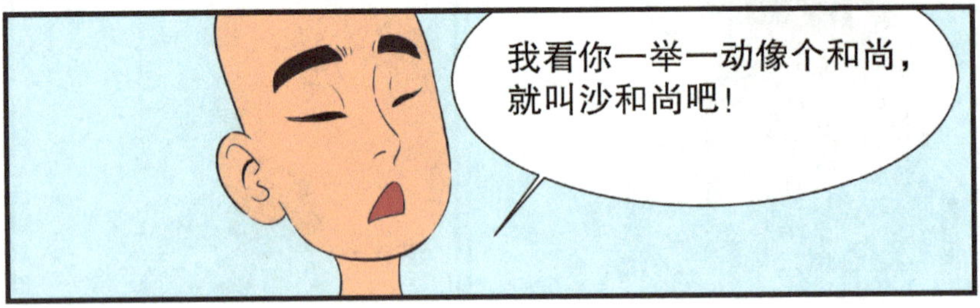
我看你一举一动像个和尚，就叫沙和尚吧！

师父，我们都是和尚。他叫沙（杀）和尚，怕是有点不吉利吧……
!!
尬.尬..尬...
就你多嘴！

13 悟空游戏装备被盗

!!!
Duang!!
大师兄，你咋了？
猴哥，师父又在念紧箍咒了吗？
!!!

是不是最近紧箍儿太紧了，把他脑袋夹坏了？
俺的藕丝步云履、凤翅紫金冠，还有锁子黄金甲……所有装备都被人偷了！
发生了什么事？悟空不要这么暴躁……
悟空，那些装备不是都留在花果山了吗？
师父，猴哥说的应该是他在手机游戏里的装备！咱这西游本来就够闹心的了，玩手机游戏装备还被偷了……啧啧啧……
……

郁闷~
画圈圈~
真的装备丢了还能找回来，可这虚拟装备……唉……大师兄可真惨……
大圣莫慌！《民法典》第一百二十七条规定：“法律对数据、网络虚拟财产的保护有规定的，依照其规定。”2017年3月15日公布的《民法总则》为适应数字时代的发展趋势，回应网友关切，将虚拟财产正式纳入了法律保护的范畴，这在肯定其法律地位的同时也给予其高度的重视，为解决虚拟财产交易、分割、继承等问题提供了法律支持，《民法典》沿用了《民法总则》的该规定。
!!
太棒啦！！！
有了《民法典》撑腰，虚拟财产保护有据可依、有理可循啦！
师父
……

猴哥摔的是您的手机……
勒紧……
不好！
!!
泼猴！听……咒……
尬.尬..尬...
师父有话好说！不要动不动就念咒！
师父别念了，降妖除魔还得靠猴哥呢……
嘻嘻！

14 红孩儿直播平台充值求退款

干一个!
干一个!
喝!
哥儿几个，
走一个！

哈哈！我这个避水金睛兽，比老爹的还酷炫呢！
你这蛮牛！我回翠云山芭蕉洞去了！看好儿子！
紫霞仙子又开直播了！嘿嘿，漂亮小姐姐，看我给你刷个嘉年华……

今天我老牛请客！
谢大王！
谢大哥！
嘀
？
嘀
嘀
？！
大王，
您看……
！！
余额：0.00
难道夫人
她知道了？
不会是……

……
再来一个！
再来个跑车！
尬..尬..尬...
我辛辛苦苦十几年，
就存了这么一点私房钱啊！！
熊孩子！！
这可怎么办啊？

《民法典》第十九条中规定，八周岁以上的未成年人为限制民事行为能力人，实施民事法律行为由其法定代理人代理或者经其法定代理人同意、追认。
红孩儿今年十周岁，其为直播平台大额充值的行为未经法定代理人同意或者追认，因此法定代理人可以向平台申请退款。
民法典
太好了，我的钱又回来了。
!!
杀气。。。
听说你藏了不少钱……

!
夫人饶命！
唉~

牛夫人，手下留情。
我们只是路过，啥也不知道啊。
牛夫人，有话好好说，我们是无辜的……
夫人，我知道错了……我再也不敢了……

茄子!!

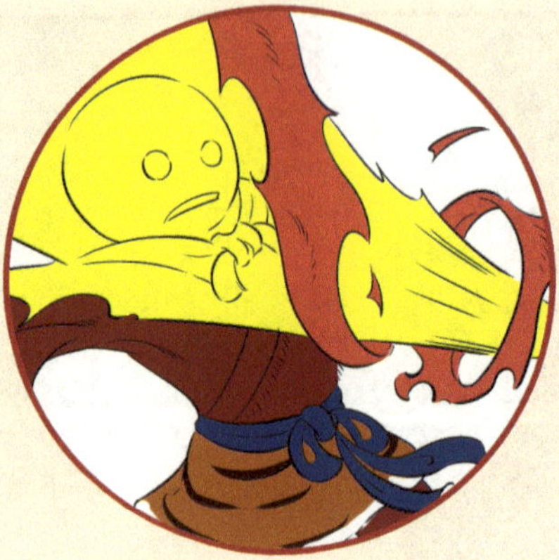

15 问题少年红孩儿

呔！来人听着！
此路是我开，此树是我栽，
要想过此路，留下买路财！
聖纓大王
这词儿我熟！
俺也一样熟！
好嚣张的孩子！
看我的吧，师父！
俺老孙与你父亲牛魔王是
结拜兄弟！论辈分你该叫
我一声叔叔！贤侄……
嘻嘻……
叔叔？

轰!!
!!
尬.尬..尬...
师父莫怕！俺老孙去找他家长！
这……这……大王好手段！

老牛，你家熊孩子要吃俺师父，还放火烧我！你管不管！！
哎，不行啊老弟，这个逆子根本不服从我的管教啊！
哈？他爹都不管，我凭什么管？
你们都不管！还有王法吗？
还有法律吗？
有!!

我国《民法典》规定：父母是未成年子女的监护人。父母对未成年子女负有抚养、教育和保护的义务。监护人不履行监护职责或者侵害被监护人合法权益的，应当承担法律责任。
《民法典》第三十六条第一款规定：“监护人有下列情形之一的，人民法院根据有关个人或者组织的申请，撤销其监护人资格，安排必要的临时监护措施，并按照最有利于被监护人的原则依法指定监护人：……
（二）怠于履行监护职责，或者无法履行监护职责且拒绝将监护职责部分或者全部委托给他人，导致被监护人处于危困状态……”

牛魔王和铁扇公主的行为，已经违反了《民法典》规定的监护职责，应当承担法律责任。
熊孩子真是不让人省心啊……

16 花果山首届业主大会

Duang!
Duang!
土地出来！
我知道你
在里面！！
敲！
敲！
花果山物業
敲什么呀敲！
什么素质！…
你看看这花果山都成什么样了？

水景和康乐设施年久失修，
维修资金也没法使用！
……
这个嘛
……
换物业！
换物业！
业主大会可不是说开就开的。
大圣不在，你等小猴说了不算！

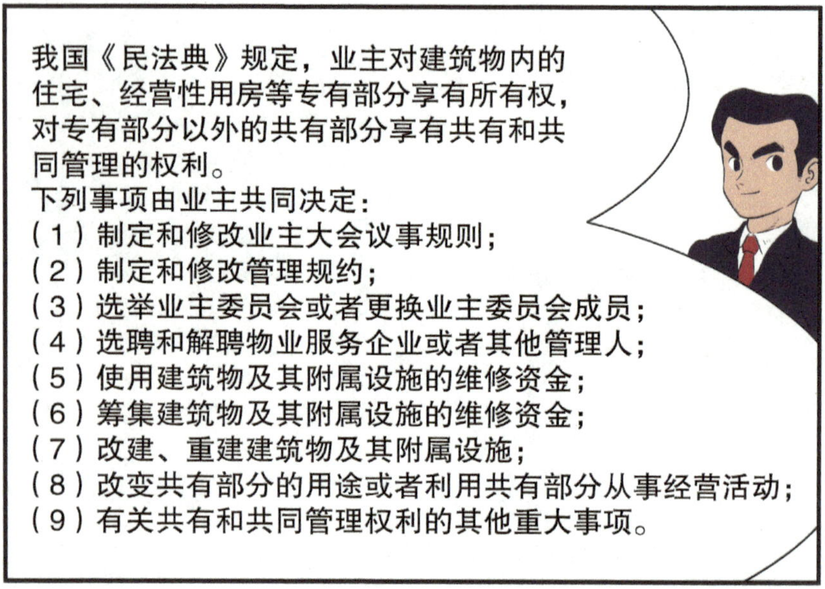
我国《民法典》规定，业主对建筑物内的住宅、经营性用房等专有部分享有所有权，对专有部分以外的共有部分享有共有和共同管理的权利。
下列事项由业主共同决定：
（1）制定和修改业主大会议事规则；
（2）制定和修改管理规约；
（3）选举业主委员会或者更换业主委员会成员；
（4）选聘和解聘物业服务企业或者其他管理人；
（5）使用建筑物及其附属设施的维修资金；
（6）筹集建筑物及其附属设施的维修资金；
（7）改建、重建建筑物及其附属设施；
（8）改变共有部分的用途或者利用共有部分从事经营活动；
（9）有关共有和共同管理权利的其他重大事项。

《民法典》物权编进一步完善了表决规则，区分了参与表决的规则和通过规则。业主共同决定事项，只要专有部分面积占比三分之二以上的业主且人数占比三分之二以上的业主参与，其表决就是有效的。决定一般事项，只要经参与表决专有部分面积过半数的业主且参与表决人数过半数的业主同意即可；而决定重大事项，需要经参与表决专有部分面积四分之三以上的业主且参与表决人数四分之三以上的业主同意。这就大大降低了共同决定事项的门槛，意味着在涉及小区事务时，能够更为便利地形成共同意志，打破久拖不决、资源闲置浪费的僵局。

只要多数人表决通过，
就能换物业公司！
有话好说！
我这就施法！
深——呼——吸——
吸一气一
呼一

17 花果山瀑布屏幕赚斗金

福地洞天
东胜神洲海景房
九十九万元入住
各位游客，现在大家面前的就是传说中的花果山大瀑布。
W—O—W！！
当年齐天大圣孙悟空就是从这里跳进去，发现了水帘洞洞天…
咱这瀑布屏幕可真是日进斗金啊！
嘻嘻…

这瀑布既然属于咱们花果山社区业主，那这广告收益咱们肯定也有份……
走，找物业公司去！
咕—呱
咚
咚
咚
两位来此有何贵干？
花果山大屏广告费！！
咱们花果山瀑布的广告收入是多少？
这笔资金用到哪里去了？
你们既没有征求过业主意见，也没有公示，是不是把钱都私吞了？
这个……

这个广告收益被划入物业公司，作为管理费的一部分由物业公司统一支配。再说了，我们所收的物业费和广告费还不足以让物业公司盈利呢。你们就别计较这些鸡毛蒜皮的收益啦。
话可不能这么说，根据我国《民法典》的规定，业主对建筑物内的住宅、经营性用房等专有部分享有所有权，对专有部分以外的共有部分享有共有和共同管理的权利。
改变共有部分的用途或者利用共有部分从事经营活动由业主共同决定，应当由专有部分面积占比三分之二以上的业主且人数占比三分之二以上的业主参与表决。
《民法典》第二百八十二条明确规定，建设单位、物业服务企业或者其他管理人等利用业主的共有部分产生的收入，在扣除合理成本之后，属于业主共有。
这块瀑布大屏幕，属于花果山社区业主的共有部分。如果要从事经营活动，必须由业主共同决定，并且，产生的收入在扣除合理成本之后，应当归花果山社区的业主共有。
可惜，扣除必要的成本之后，实际也没剩下啥可分的，抱歉咯……
真的吗？！

要不要俺老孙
帮你重新算算？

这就按照《民法典》的规定，给业主分配收益。
撒花~~
撒花~~

18 袈裟有借要有还

贫僧自东土大唐而来……
奉唐王之命，去往西天求取真经……
觀音院
途径宝刹，深谢院主容我师徒借宿……
圣僧不必客气……既是上方大国而来，可有什么宝贝拿来给老衲一观？

圣僧……
这个……
真没有……
师父！！
泼猴又要
生事……
师父拿出你的
锦襴袈裟让他
开开眼！
通关文牒

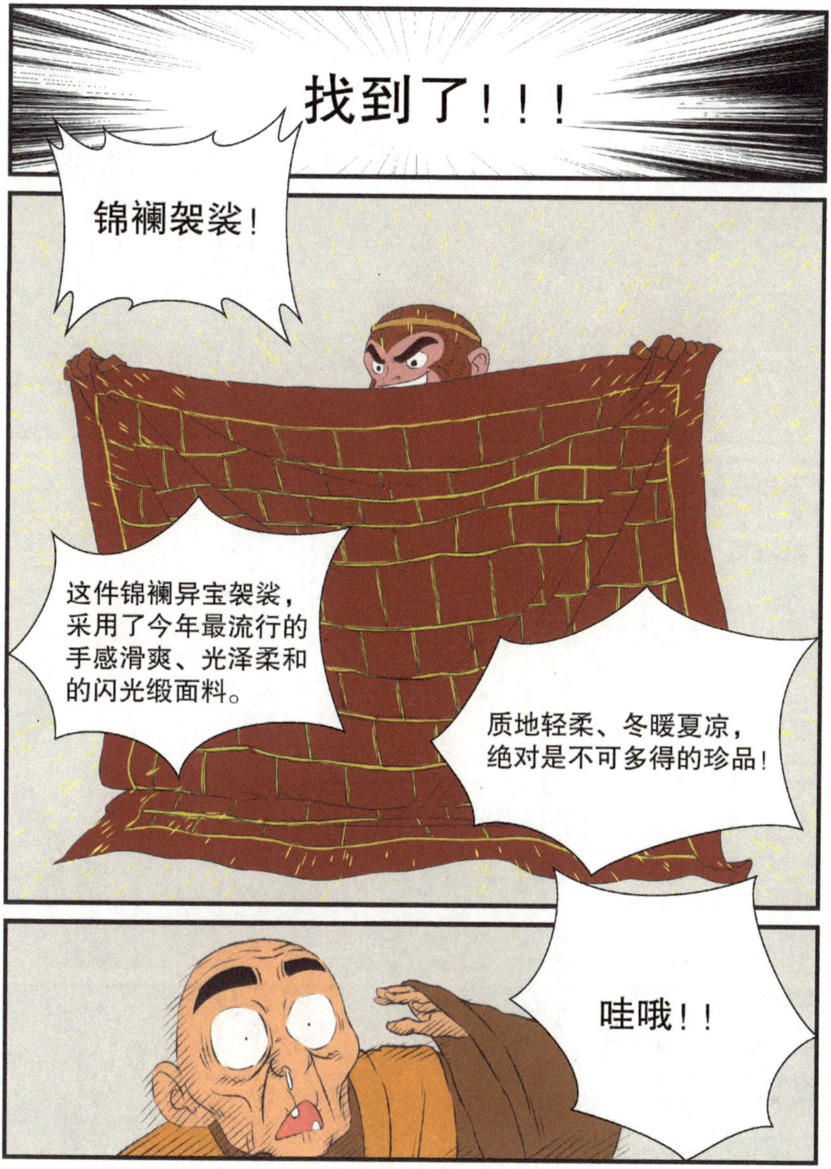
找到了！！！
锦襕袈裟！
这件锦襕异宝袈裟，采用了今年最流行的手感滑爽、光泽柔和的闪光缎面料。
质地轻柔、冬暖夏凉，绝对是不可多得的珍品！
哇哦！！

宝贝袈裟……
……
得意洋洋
不知高僧可否将袈裟借我好好观赏一晚？
阿弥陀佛……
院主请自便……
多谢高僧……
呜~呜~

呜——呜—— 我的宝贝袈裟，好想得到它！
院主，就说被黑风洞的黑风怪偷走了不就行了嘛……
！
谁在叫俺！
！！

!!
什么！袈裟不见了！那可是观音菩萨给我的宝贝呀！！！
我对不起你啊！那袈裟被黑风怪抢走了，现在不知所终！不过圣僧莫急！我提前买了保险，应该能赔些银两！
这是保单，给你……
保险
岂有此理！

你弄丢了我们的宝贝袈裟，
随便给点钱就想把我们打发了！
大圣息怒！
《民法典》第四百五十九条规定："占有人因使用占有的不动产或者动产，致使该不动产或者动产受到损害的，恶意占有人应当承担赔偿责任。"
第四百六十一条规定："占有的不动产或者动产毁损、灭失，该不动产或者动产的权利人请求赔偿的，占有人应当将因毁损、灭失取得的保险金、赔偿金或者补偿金等返还给权利人；权利人的损害未得到足够弥补的，恶意占有人还应当赔偿损失。"
第四百六十二条规定："占有的不动产或者动产被侵占的，占有人有权请求返还原物；对妨害占有的行为，占有人有权请求排除妨害或者消除危险；因侵占或者妨害造成损害的，占有人有权依法请求损害赔偿。占有人返还原物的请求权，自侵占发生之日起一年内未行使的，该请求权消灭。"
俺这就去请菩萨找那黑风怪算账去！
老和尚是恶意占有，理应承担赔偿责任。但现在袈裟未必灭失，可以去找另一个恶意占有人黑风怪请求返还原物。

大王好棒！！
摇摆~摇摆~
大胆妖孽！！
!!
妖孽！速速将袈裟还来！可饶你性命！
观音菩萨……

善萨高抬贵手！小的这就还！
善哉善哉！阿弥陀佛！

似你这般，就不用考虑去演艺界发展了……来来来，戴上这顶金箍儿到我落伽山紫竹林做个守山大神吧……

19 沙僧网购剃须刀

沙师弟，为何如此紧张？
秒杀9.9
我正在秒杀这款剃须刀，原价999元，秒杀价9.9元！拼手速的时候到了！
时间到!!

几天后……

嗖~
沙师弟，你发型好酷……
!!
别提了，猴哥……
我等了好几天，没想到卖家说促销价格太低，不作数了！如果要发货，须补990元的运费。
都民法典时代了，居然还有这么没有契约精神的卖家!

人家不卖了，你能怎么办啊？这网购合同，有没有效力还不知道呢。
沙长老别急，《民法典》第四百九十一条第二款明确规定，当事人一方通过互联网等信息网络发布的商品或者服务信息符合要约条件的，对方选择该商品或者服务并提交订单成功时合同成立，但是当事人另有约定的除外。
也就是说，电子合同一旦成立并生效，对于依照法律的规定及合同的约定所产生的义务，一方拒绝履行或不适当履行，或者擅自变更和解除合同都是不被允许的。
卖家发布的商品信息记载了剃须刀的名称、价格、付款方式、交货方式等，内容具体明确。沙僧按照交易平台设定的购买程序进行下单，成功付款。这标志着双方之间的交易合同成立并生效。因此，卖家无权以价格有误为由拒绝履行合同，而应继续完成交易合同，履行对应的剃须刀交付义务。
从法律价值的角度说，法律应保障网购的效率与安全，经营者应秉承谨慎、诚信的经营理念，对其发布的产品要约信息负责。
太好了！！我这就去催卖家发货！
且慢!!

!!
何方妖孽！
Duang!!
那个……为师也秒了一台，帮我也催一下发货……

20 网购的人参果烂了咋办？

好诱人……
Duang!!
呆子！你又在看什么不该看的东西？
猴哥你看……
西游直播
五庄观
关注中
小冰：早就想尝尝……
小灯：包不包邮啊？
五庄观的人参果大丰收，正在直播卖货呢，我打算买几个解解馋，上次吃得太急，没尝出啥味道。

八戒人参果一份，
俺老孙也来一份，
沙师弟呢？
猴哥，快点
下单……
大哥！
俺也一样！
几天以后……
快递到了
快递到了
！！
？
您的快递到了，
请签收……
先拆开看看，
新不新鲜！
期待
……
期待
……

这就是……
人……参……果……
嗨~
尬.尬..尬...
呜哇!这可是俺老猪攒了好久的私房钱买的啊!

《民法典》针对通过互联网等信息网络订立的电子合同的成立时间、标的物交付时间作出规定，弥补了《合同法》中未对电子合同有关事项作具体规定的不足，尤其为解决当前盛行的“网购”引发的纠纷提供了有效的电子合同法律依据。
原来如此！
哪里走！给我回来！
我太难了……

21 师徒遭遇霸王条款

寺音雷
哇——!!
这么容易就到了？不是说有九九八十一难吗……
……
欢迎!
欢迎光临小雷音寺景区！
我是你们这次梦幻之行的导游。出发吧！

进去拜拜佛也好……
开始之前，请诸位先在免责书上签个名……
免责书
然后大家就可以开始体验西游实景VR、购买西游纪念品……
客户选购纪念品时造成的……
长老不要犹豫了，快点签了吧！
签完字之后，请把身上的手机、现金、通关文牒、紫金钵盂……通通寄存一下。

大家跟紧，不要掉队。前方是五百罗汉，合影每人每次一两银子，团购八折……诸位高僧来一张吧，很有意义的……
？
这两顶帽子好别致……
当!!
!!
我无心的……
尬.尬..尬...

好大胆的和尚！刚刚你弄坏的是本寺的镇寺之宝！！
客户选购纪念品时造成的商品破损，由客户承担照价赔偿责任！就用你的紫金钵盂来赔偿！！！
那怎么行！那是唐王御赐的宝贝！！
白纸黑字，赖不掉的！
唐僧
孙
猪
沙
!!
这么小的字，连猴子有火眼金睛都得拿着放大镜才能看清楚，普通人怎么可能注意到？
游客承担
费用

《民法典》第四百九十六条规定：“格式条款是当事人为了重复使用而预先拟定，并在订立合同时未与对方协商的条款。采用格式条款订立合同的，提供格式条款的一方应当遵循公平原则确定当事人之间的权利和义务，并采取合理的方式提示对方注意免除或者减轻其责任等与对方有重大利害关系的条款，按照对方的要求，对该条款予以说明。提供格式条款的一方未履行提示或者说明义务，致使对方没有注意或者理解与其有重大利害关系的条款的，对方可以主张该条款不成为合同的内容。”

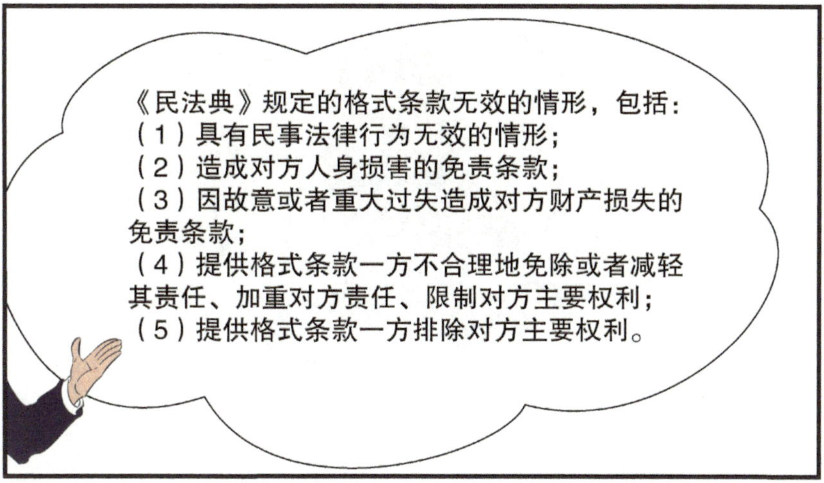
《民法典》规定的格式条款无效的情形，包括：
（1）具有民事法律行为无效的情形；
（2）造成对方人身损害的免责条款；
（3）因故意或者重大过失造成对方财产损失的免责条款；
（4）提供格式条款一方不合理地免除或者减轻其责任、加重对方责任、限制对方主要权利；
（5）提供格式条款一方排除对方主要权利。

你这黄眉童儿，不好好敲磬，跑出来做不守规矩的生意！还不认错！
等徒儿学好《民法典》，再出来创业！

22 花果山物业费纠纷

泼猴！我不要你这样的徒弟！你从哪儿来回哪儿去吧!!
再见！再也不见！
咻——
到家了！
?!
这是……

呱—呱—呱—
这就是我的...
花果山...
花果山福地
水簾洞洞天
孩儿们！你们在哪里呀？
俺老孙回来啦！
!!
孫
大王您可回来啦！

哎呀，因为物业费的问题，我们和物业公司闹了点矛盾，他们就把咱们的水电都掐了，这都好几个月没水没电了，日子实在过不下去了啊，嘤嘤嘤…
岂有此理！
俺老孙去跟物业谈谈…
大圣到来，有失远迎！
花果山物業
好久不见！
大圣已经取到真经修成正果了吧……
大圣，现在是法治社会，金箍棒是不能解决民事纠纷的……
花果山物業

好哇，那俺老孙今天就给你普普法！《民法典》第九百四十四条第三款明确规定，物业服务人不得采取停止供电、供水、供热、供燃气等方式催交物业费。
这小区都是我们物业在管，水、电、煤气当然也归我们管啦……
那水是你们提供的？电是你们供的？水费和电费，可是交给你们的？
好像还真不是……
《民法典》的这一规定，是基于小区公共利益保护而制定的。从合同法上看，物业服务合同与供水供电合同是两个独立的合同，涉及不同的合同当事人，小区业主供水供电合同的相对人是供水公司和电力供应公司。如果用水用电人不履行缴纳水费电费的义务，则供水供电公司可以拒绝履行供水供电的义务，即供水供电公司此时有停水停电的权利。但享有停水停电权利的主体是供水公司和电力供应公司，而非物业服务企业。明白了吗？

大圣啊，真的是士别三日当刮目相看啊！您还去取经吗？我跟您一起去学学法吧……

23 紫金红葫芦

天开地辟，太上老祖，解化女娲之名……
炼石补天，普救阎浮世界。补到乾宫夬地，见一座昆仑山脚下……
有一缕仙藤，上结紫金果。老君取之，炼成紫金红葫芦。
就是这个宝贝！
怕了吗！猴子！

……
不怕！
略——略——
略——
孙悟空！！
太器张了！
贤弟！上
法宝！
我叫你一声，
你敢答应吗？

尬.尬..尬...

停！
?!
大哥，你在网上买这宝贝时，卖家怎么说的？
难道是口诀念错了？
嘀嘀咕咕~
轮到俺老孙出手了！！
BANG!!

……
卖家说，太上老君同款，假一赔十……然后就寄了十一个过来……

《民法典》第六百一十五条规定，出卖人应当按照约定的质量要求交付标的物。出卖人提供有关标的物质量说明的，交付的标的物应当符合该说明的质量要求。
第七条规定，民事主体从事民事活动，应当遵循诚信原则，秉持诚实，恪守承诺。
也就是说，出卖人故意售卖质量有瑕疵的紫金红葫芦，应按照“假一赔十”的承诺支付十倍赔偿金，而并非赔偿十个假冒的紫金红葫芦。

大哥，你不是还有羊脂玉净瓶么……
呜呜呜……在同一家店买的……

24 真假美猴王

限量版魔法金箍
大热的虎纹吉利服
定制版步云履
怎么样，八戒！我这款今年大热的虎纹吉利服上身效果如何？
能撑起这一款，不愧是大师兄！
穿上这款，俺老孙就是整条街最靓的仔！
嘿嘿~
?!

大圣签名照，200元1张，
粉丝福利，先到先得！
尬..尬..尬...
大胆妖孽，竟敢侵犯俺老孙的肖像权！
天哪！此猴竟与大师兄一模一样！
走！跟我去如来面前理论一番！
去就去，谁怕谁！

《民法典》第一千零一十九条规定，任何组织或者个人不得以丑化、污损，或者利用信息技术手段伪造等方式侵害他人的肖像权。
未经肖像权人同意，不得制作、使用、公开肖像权人的肖像，但是法律另有规定的除外。
未经肖像权人同意，肖像作品权利人不得以发表、复制、
发行、出租、展览等方式使用或者公开肖像权人的肖像。
请佛祖辨明真假！
弟子完全看不出两猴真伪，佛祖有何高招？
易如反掌。

你们二人，
速速变成桃子！
唉~
哇~
变!!
!
!!

变——
果然不出我所料！变成猕猴桃的，就是六耳猕猴了！
原来如此！
猴哥看起来好好吃！
就知道是你！吃俺老孙一棒！
佛祖救我！

住手！

侵犯肖像权，其罪不至死。肖像权是人格权的一种，《民法典》第一千条规定：“行为人因侵害人格权承担消除影响、恢复名誉、赔礼道歉等民事责任的，应当与行为的具体方式和造成的影响范围相当。行为人拒不承担前款规定的民事责任的，人民法院可以采取在报刊、网络等媒体上发布公告或者公布生效裁判文书等方式执行，产生的费用由行为人负担。”

再敢犯法就把你榨成果汁！

25 女儿国唐僧遭偷拍

御弟哥哥，
我愿托国相送。
只愿你能
留下来。
我已许身佛门，誓要前往灵山取到真经……
……
嘤嘤嘤……
唉……
吃瓜中……
悟空！
悟能！
悟净！
出发！

……
御弟哥哥……
咔！
咔！
咔！

!!
西梁快讯
民生
天气
发布
热点
头条热榜
更新时间 大唐贞观十年九月
1 抛妻弃子!原来你是这样的
2 惊世骇俗！女王与圣僧交往
3 究竟是谁无情无义无理取闹...
4 如意真仙哭诉解胎水被抢经过...
5 是真是假！子母河边有人公然兜售解胎水
!!
他们竟然还说师父有个私生子！真的假的?!

这些小报和无良自媒体，实在太可恨了！看我过去把他们的设备砸个稀烂！
且慢！！
悟空，冲动是魔鬼！
那也不能任由他们无中生有、捏造事实、毁您清誉啊！
大圣莫急！

大圣不用担心，我国《民法典》对公民的名誉权保护，有详细的规定。
第一千零二十四条规定，民事主体享有名誉权。任何组织或者个人不得以侮辱、诽谤等方式侵害他人的名誉权。名誉是对民事主体的品德、声望、才能、信用等的社会评价。
第一千零二十五条规定，行为人为公共利益实施新闻报道、舆论监督等行为，影响他人名誉的，不承担民事责任，但是有下列情形之一的除外：
（1）捏造、歪曲事实；
（2）对他人提供的严重失实内容未尽到合理核实义务；
（3）使用侮辱性言辞等贬损他人名誉。
针对网络等媒体报道的内容失实、侵害名誉等行为，根据《民法典》第一千零二十八条的规定，受害人有权请求媒体及时采取更正或者删除等必要措施。前提是民事主体有证据证明侵害行为的发生。这为治理自媒体恶意营销、传播网络谣言等不良行为提供了一条法治路径。
师父，我这就去告他们诽谤、侵害名誉权！

26 取经小组身份信息遭泄露

哟！唐圣僧，孙大圣，天蓬元帅，卷帘大将，欢迎！欢迎！小人恭候多时了！容我先介绍一下本店的业务。
小店提供美味素斋，全天热水供应，为您洗去一路风尘。四位入住，让小店蓬荜生辉，荣幸之至。
……
这已经是今天第十九个推销的了……
谢谢！我们不住店！你是怎么知道我们的名字和来历的……
几位的事迹在本地已经家喻户晓。
猪长老！我是您的粉丝啊！这是我收藏的您的限量手办。
前方还要走很远才有旅店哟!

……
几位高僧，过了这村就没这店哟！卷帘大将，看您满脸沧桑，本店出售最新款的剃须刀哟！买一个先用用，不要998元，只要9.9元哟！
怎么咱们还没到这里，信息都提前被他们知道了呢？
莫非是咱们的信息被妖精提前掌握了？
俺老猪记得有一次前去化缘，有一户人家非要给俺老猪画像，留指纹，
还让俺老猪写下：从何处来，到何处去，不然不给饭吃哩。

《民法典》规定，自然人的个人信息受法律保护。

个人信息是以电子或者其他方式记录的能够单独或者与其他信息结合识别特定自然人的各种信息，包括自然人的姓名、出生日期、身份证件号码、生物识别信息、住址、电话号码、电子邮箱、健康信息、行踪信息等。

个人信息中的私密信息，适用有关隐私权的规定；没有规定的，适用有关个人信息保护的规定。

同时，《民法典》规定，处理个人信息的，应当遵循合法、正当、必要原则，不得过度处理，并符合下列条件：

（1）征得该自然人或者其监护人同意，但是法律、行政法规另有规定的除外；

（2）公开处理信息的规则；

（3）明示处理信息的目的、方式和范围；

（4）不违反法律、行政法规的规定和双方的约定。

个人信息的处理包括个人信息的收集、存储、使用、加工、传输、提供、公开等。

猴哥，那筋斗云你也得检查检查，它会不会背着你，把你的信息都上传“云”端了？

27 牛魔王高利贷款买豪车

我这座下白象，是西域原装进口，马力强劲！
我这座下青狮，不仅造型威猛，提速也快……

唉，我老牛一生放荡不羁爱自由，最喜欢那风驰电掣的感觉。可自从有了红孩儿，家庭负担越来越重，何时才能拥有自己的豪华坐骑呢！
贷款
?
避水金睛兽，原价199.99 万元，现半价优惠，只需99 万元！
半价优惠！天哪！太划算了！
再没有什么坐骑比它更适合您这种成功妖怪了！买它！买它！
!!
余额不足

贷款
大王莫慌，余额不足，您还可以贷款嘛！现在贷款利率低，年化利率连100%都不到！还在犹豫什么？心动不如行动！
还有这种操作？太棒了！我买！

上.当..啦...

哦哈哈哈！这是飞一般的感觉！
嘿嘿嘿嘿嘿……

你这蛮牛！
你是不是傻？
芭蕉洞
催款单
本月应还欠款：XXXXXXXX元
这贷款的利息都快上天了！
再这样下去，我们夫妻俩就要喝西北风了！
怎么会这样！！

《民法典》第一千零六十四条第二款中规定：夫妻一方在婚姻关系存续期间以个人名义超出家庭日常生活需要所负的债务，不属于夫妻共同债务。牛魔王以个人名义购买避水金睛兽，又非用于家庭生活，所负债务不属于夫妻共同债务。

我这就去跑顺风车赚钱还贷！等我把个人债务还清了，再回芭蕉洞和你们团聚吧！

28 离婚冷静期救姻缘

芭蕉洞
嘭!!!
这日子没法过了!
我们七大圣那都是社会贤达，怎么能说是狐朋狗友?!红孩儿不是也被送到观音菩萨那边的寄宿学校去了嘛！你堂堂牛夫人，怎么这么无理取闹?

牛夫人
牛夫人
什么？牛夫人？！
你以前明明叫人家小甜甜的！
牛夫人
牛夫人
牛夫人
略~ 略~ 略~
都黄脸婆了，还小甜甜，你不害臊我还害臊呢！
扎~
心~

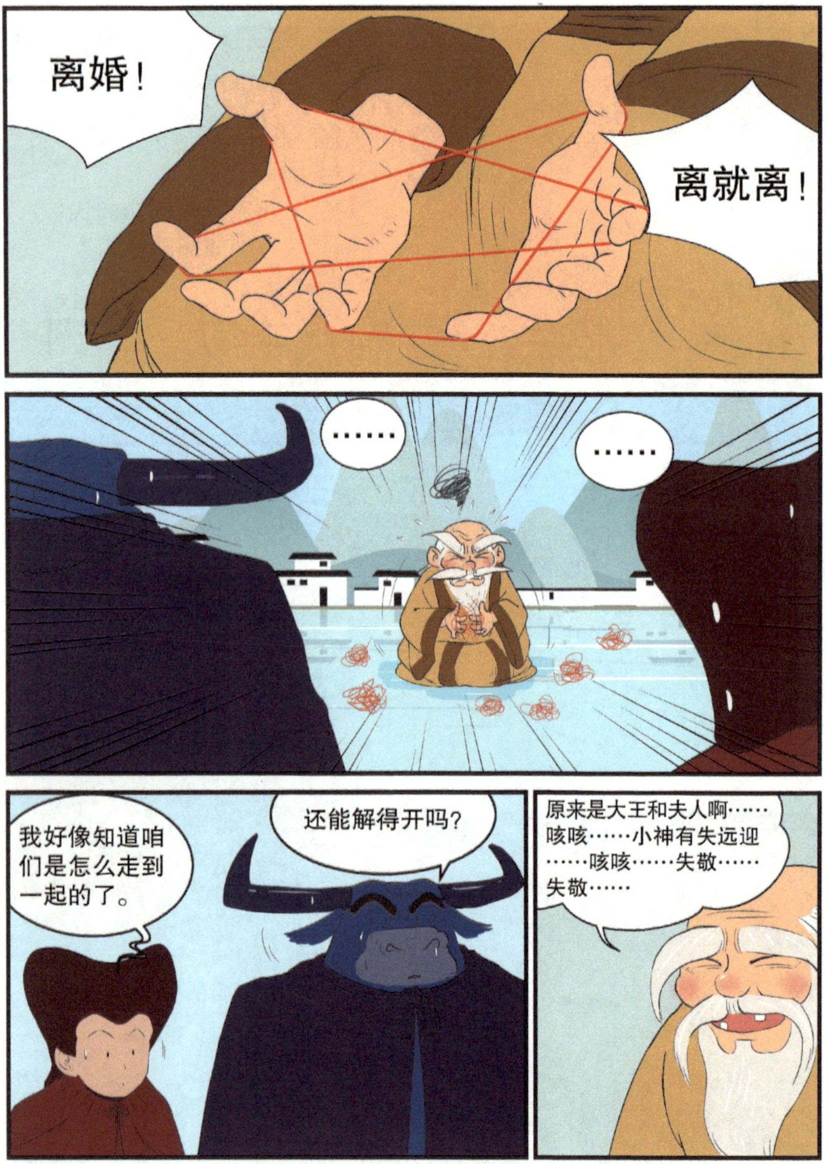
离婚！
离就离！
……
……
我好像知道咱们是怎么走到一起的了。
还能解得开吗？
原来是大王和夫人啊……咳咳……小神有失远迎……咳咳……失敬……失敬……

咳咳……我月老善为有缘人结缘，二位今天却要我……好为难啊……既然二位心意已决，咳咳……我收下你们的离婚申请，咳咳……二位请回吧！30日后再回来领取离婚证！咳咳……罪过！罪过！

什么！怎么离婚还要等30天???
牛

《民法典》第一千零七十七条规定："自婚姻登记机关收到离婚登记申请之日起三十日内，任何一方不愿意离婚的，可以向婚姻登记机关撤回离婚登记申请。
前款规定期限届满后三十日内，双方应当亲自到婚姻登记机关申请发给离婚证；未申请的，视为撤回离婚登记申请。"
唉！
民法典

如果冷静期内，老牛不愿意离婚，撤回离婚登记申请，这婚还离不成了？
公主切莫急躁！
该条规定仅适用于通过民政局协议离婚的情况，不适用于诉讼离婚。30天的离婚冷静期结束后，如果一方当事人经过慎重思考，不愿撤回离婚申请，或在子女抚养、财产分割、债务承担等问题上无法达成满意的协议，还可以向法院起诉，通过司法途径解除婚姻关系。离婚登记申请也可以作为夫妻感情破裂的证据之一提交法院。
好吧，那我就回翠云山芭蕉洞再等30天好了！
还有30天，大王你要再努把力哦！
切~

30天后领取离婚证时婚姻关系才正式结束，在此之前如果与第三方登记结婚，会构成重婚哦！
积雷山
摩云洞
翠云山
芭蕉洞

29 李天王收养老鼠精

蹑手~蹑脚~
咀嚼~
咀嚼~
真香！
住手!!
!!

大胆小毛贼！竟敢在这里偷如来的香花宝烛吃！
!
住手!!
她只是个小姑娘，先问清什么情况，不要动手伤人！
!!

小姑娘，你的
父母何在？
嘤嘤嘤
……
我父母双亡，自己孤
身一人，到处流浪，
实在太饿了，才到这
里找点东西吃。
这也太可怜了！
父亲，您就收养
了这个小妹妹好
不好？
就是不知道法
律允不允许。

《民法典》第一千零九十三条规定，下列未成年人，可以被收养：
（1）丧失父母的孤儿；
（2）查找不到生父母的未成年人；
（3）生父母有特殊困难无力抚养的子女。
《民法典》第一千零九十八条规定，收养人应当同时具备下列条件：
（1）无子女或者只有一名子女；
（2）有抚养、教育和保护被收养人的能力；
（3）未患有在医学上认为不应当收养子女的疾病；
（4）无不利于被收养人健康成长的违法犯罪记录；
（5）年满三十周岁。

哎呀，我已经有孩子了，岂不是就不能收养了？
《民法典》是一部善法、良法，鼓励收养这种积极承担社会责任的行为。
第一千一百条规定：“无子女的收养人可以收养两名子女；有子女的收养人只能收养一名子女。收养孤儿、残疾未成年人或者儿童福利机构抚养的查找不到生父母的未成年人，可以不受前款和本法第一千零九十八条第一项规定的限制。”
这个小姑娘属于孤儿，收养人可以不受亲生子女数量的限制。

哦，对了，有配偶者收养子女，应当夫妻共同收养。您是不是得回去先和殷夫人商量一下？
这是自然！

那小妹妹你还记得你老家在哪里吗？
嗯，老家在陷空山无底洞。

30 盘丝洞八戒立遗嘱

盘丝洞
咕噜~
咕噜~
大王饶命啊——

饶命啊！
放弃吧，你就算喊破喉咙也不会有人来救你！
在吃唐僧肉前，就先拿你这头猪当下酒菜了！
嘻嘻……
走你！
猴哥救我——

等等！先让我立一份遗嘱！
你还有什么话说？！
好了，你说吧！
翠兰我妻……
俺老猪今日陨命盘丝洞，我在福陵山云栈洞的房产，到时候就归你吧。对了，前些天我在车迟国立的那份遗嘱，说把那套房赠给嫦娥仙子，就不作数了……
叮咚~
现在可以……

可以送你上路了!
!!
!!
!!
不好啦!
Bang! Bang!

呆子，每次被抓就写遗嘱，这都写了几十份了，一个老破小的云栈洞，也不知被你赠给多少人了！
哎哟哟，我那云栈洞虽破，但那可是学区房！
不过大师兄你说得对，我立了这么多份遗嘱，又有这么多相互抵触的内容，到底哪份作数呢？
还是让我来告诉你吧！
《民法典》规定：遗嘱人可以撤回、变更自己所立的遗嘱。立遗嘱后，遗嘱人实施与遗嘱内容相反的民事法律行为的，视为对遗嘱相关内容的撤回。立有数份遗嘱，内容相抵触的，以最后的遗嘱为准。

等你回到高老庄，怕是要被净身出户了吧……
这下我就放心了。

31 狮驼岭动物伤人

准备……
VS
开始!!
嘭!
嘭!

大赢家!!!

KO

大哥二哥！我去找咱外甥，让他给咱们报仇！

文殊、普贤二位菩萨？

孽畜！就知道给我惹祸！
……
看我回去怎么收拾你！
二位菩萨且慢！
俺老孙还有话说！
大圣还有何事？
这泼猴又有什么
得寸进尺的要求？
狮驼国有不少百姓
被二位菩萨的宠物
咬伤，二位是不是
应该表示一下？
这个嘛……

《民法典》第一千二百四十五条规定：饲养的动物造成他人损害的，动物饲养人或者管理人应当承担侵权责任；但是，能够证明损害是因被侵权人故意或者重大过失造成的，可以不承担或者减轻责任。
第一千二百四十六条规定：违反管理规定，未对动物采取安全措施造成他人损害的，动物饲养人或者管理人应当承担侵权责任；但是，能够证明损害是因被侵权人故意造成的，可以减轻责任。
《民法典》都规定得明明白白了！二位菩萨所饲养的狮子、大象这些宠物，没有采取安全措施造成百姓损害的，依法应当承担侵权责任！
佛祖，您说呢？
是的！
依法赔偿！
弟子知道了，这就照价赔偿……
猴子！等着瞧！

咱们这就去找观音菩萨！
对对，问问观音菩萨，紧箍咒是咋念的！
糟糕！

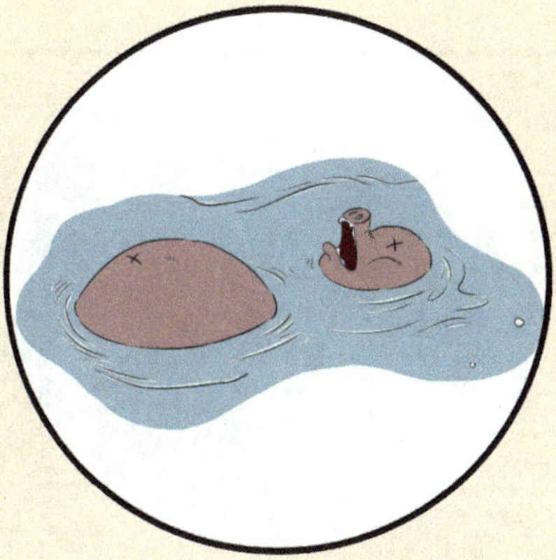

32 师徒断舍离

咔~
咔~
凌雲渡
咔~
咔~!!
轰!!
咳——
咳——

师父面前一条
弯弯的河……
Duang!!
呆子，这种时候
还有心情开玩笑！
情不自禁
……
快看，那有
条船！！
船——来——咯！！

长老莫怕，无底的船儿好渡人嘞……
师父师弟快看，那是咱们的肉身，现在咱们已经脱胎换骨了！
可惜了我仅剩的一双鞋。
快看，八戒的肉身也漂来了，嘻嘻……
哈~哈~哈~
呜呜呜！没有了凡胎，我高老庄的万顷良田、福陵山云栈洞的学区房可咋办啊？

猪长老莫慌，你有四种选择。
《民法典》第一千一百三十三条规定：自然人可以依照本法规定立遗嘱处分个人财产，并可以指定遗嘱执行人。自然人可以立遗嘱将个人财产指定由法定继承人中的一人或者数人继承。自然人可以立遗嘱将个人财产赠与国家、集体或者法定继承人以外的组织、个人。自然人可以依法设立遗嘱信托。
遗嘱继承和遗赠，我倒是知道，毕竟立过不少份遗嘱了。这个遗嘱信托，又是什么？
根据《信托法》的规定，信托是指委托人基于对受托人的信任，将其财产权委托给受托人，由受托人按委托人的意愿以自己的名义，为受益人的利益或者特定目的，进行管理或者处分的行为。结合《民法典》继承编的规定，遗嘱信托则是指立遗嘱人通过订立遗嘱，将财产转移到受托人名下，由受托人根据遗嘱人的目的，以受益人的利益为目标打理信托财产。
民法典

太好了，有了专业的受托人管理我的家产，再也不用担心残障子女、未成年子女，或者败家子女继承的财产遭到侵占、损失或者败光啦！

嘻嘻！说得好像自己有一儿半女似的……

后　记

2020年是一个不平凡的年份。突如其来的新冠肺炎疫情，打乱了整个世界的节奏。

好在，我们翘首期待多年的《民法典》，这一次没有爽约。2020年5月28日下午，北京，人民大会堂，第十三届全国人民代表大会第三次会议高票表决通过了《中华人民共和国民法典》。

法与时转，治与世宜。关于《民法典》的价值，毋庸赘述。面对这样一部具有鲜明中国特色、实践特色、时代特色的法典，面对这样一部善法、良法，作为一个法学院毕业多年的传媒人，作为两个孩子的父亲，深感有责任通过自己的方式，让更多的大朋友、小朋友了解《民法典》、读懂《民法典》，更进一步地，对法律产生兴趣，投身法律事业。

《西游记》是我儿时最爱的读物之一，这部流传数百年的名著，妙趣横生，给我带来了无数美好的回忆。

金风玉露一相逢，便胜却人间无数。一部是济世良法，一部是名著之花。假如《民法典》遇到《西游记》，会不会激荡出新的火花呢？抱着这种想法，我与最高人民检察院第六检察厅一起策划出版了这本《“典”亮生活：图说民法典》。

希望所有看到此书的大朋友和小朋友们，都能喜欢！

法君传媒　孙英翔

2020 年 10月于上地

图书在版编目（CIP）数据

“典”亮生活：图说民法典 / 最高人民检察院第六检察厅，法君传媒著 . —北京：中国法制出版社，2020.12（2023.5 重印）

ISBN 978-7-5216-1541-8

Ⅰ.①典… Ⅱ.①最…②法… Ⅲ.①民法-法典-案例-中国 Ⅳ.①D923.05

中国版本图书馆 CIP 数据核字（2020）第 253244 号

责任编辑：王林林　　　　封面设计　李　宁

“典”亮生活：图说民法典

“DIAN” LIANG SHENGHUO：TU SHUO MINFADIAN

著者/最高人民检察院第六检察厅　法君传媒

经销/新华书店

印刷/北京虎彩文化传播有限公司

开本/880 毫米×1230 毫米　32 开　　　　印张/ 6.5　字数/ 15 千

版次/2020 年 12 月第 1 版　　　　2023 年 5 月第 6 次印刷

中国法制出版社出版

书号 ISBN 978-7-5216-1541-8　　　　定价：32.00 元

北京市西城区西便门西里甲 16 号西便门办公区

邮政编码：100053　　　　传真：010-63141600

网址：http：//www.zgfzs.com　　　　**编辑部电话：010-63141672**

市场营销部电话：010-63141612　　　　**印务部电话：010-63141606**

（如有印装质量问题，请与本社印务部联系。）